AF491818

LA SOMBRA QUE PASA

LA SOMBRA QUE PASA

Miladis Hernández Acosta

POESÍA

1era edición: Editorial Letras Cubanas, 2010
ISBN 9789591015648
2da edición, Miami, 2020
ISBN: 9798653712371

Edita: Editorial Primigenios
Miami, Florida.
Email: editorialprimigenios@yahoo.com
https://editorialprimigenios.com

Edición y maquetación: Eduardo René Casanova Ealo

LAS PREGUNTAS DE LA SOMBRA

Estamos llenos de preguntas. La mejor ciencia —llave de todas las ciencias— es aquella que nos enseña a preguntar bien. No estamos seguros de las respuestas, pero sí lo estamos de algunas preguntas. Las grandes preguntas son para los grandes espíritus, los que ansían penetrar en lo divino.

Un hombre se mide por el tamaño de sus preguntas. A veces topamos con seres humanos rebosantes de respuestas: responden con rapidez ante todo y son dueños de unos parlamentos cómodos y arrogantes, que aspiran a replicar al universo hacia una dirección indicada. Y, como parte de su altanera ignorancia, viven imponiendo o procurando acólitos para sus respuestas.

La poesía es el verdadero arte de las preguntas. Los poetas saben mucho, porque no temen reconocer que saben poco. Siempre están parados frente a enigmas, preguntándole a la Esfinge. La Esfinge lanza adivinanzas a los osados viajeros que cruzan el desierto sin preguntar nada. Pero los poetas cruzan el desierto indagándose con angustia: ¿Por qué? Y la Esfinge oye el aullido que hay en estas dos palabras, y se siente preguntada, ella, que es la dueña de las preguntas.

Los poemas son recuerdos de ese diálogo tremendo entre un poeta que cruza el desierto o ve en lontananza un oasis regido por la incertidumbre y la Esfinge, que mira al poeta que la mira con ojos asombrados, sorprendida de este raro encuentro. Los mejores poetas reportan el diálogo con pocas y profundas palabras. Son como los periodistas de la eternidad, que está en el fondo y en lo alto. Algunos poetas son cronistas de lo hondo, y otros de lo alto, y otros ocupan toda la esfera.

En esos extraños instantes el poeta gana una certeza, que es la mayor de las incertidumbres. Aprende a entender que no sabe todo lo que hay, pero que hay algo que lo supera; pero que eso existe no para separarlo, sino para incluirlo verdaderamente, en una inclusión que es una generosidad sin fisuras, y que es el escalón más alto del amor. Lo que devela se le revela: aunque se queda sin saber, ya sabe algo, y el poema lo cuenta danzando, en el dulce juego de la sabiduría del no saber.

Sucede entonces que hay lectores de esos poemas que no llegan a ellos con esa apertura y atmósfera de espíritu, y no entran en los poemas: los poemas se defienden de lectores tan oscuros que no aportan luz en el encuentro, y esconden su luz, porque todo poema es un diálogo amoroso, y solo el amor lee poesía, de cualquier tipo y de cualquier época. Lleno de ira, el lector oscuro levanta el índice y exclama: Pero ¿qué es esto? ¿Cómo dicen que es un poema?

Los peores lectores no son los que no saben de poesía, sino los que solo saben de un tipo de poesía. Tienen un cartabón en el gusto, y expulsan continuamente, como los gusanillos que van horadando la manzana. A su paso agresivo la manzana pierde redondez y aroma, y no queda viva ni una sola de las preguntas del poeta, pues el poema solo es mirado como un manojo de palabras en una página. El pedante acusa al poema de la falta de diálogo que él mismo ha generado.

Se llama prólogo a lo que está a favor del entendimiento, no a lo que vaya delante. Si fuera por esto nada más, se llamaría prélogo. Este escrito va delante de los versos que Miladis Hernández ha aglutinado con el título de La sombra que pasa. Trata de entender, aunque sabe que no puede llegar a la exhaunción. Los acercamientos que aspiran a la exhaunción puede que funcionen en alguna parte, pero nunca en la poesía.

La razón sola no puede abarcar al árbol irradian-te que es todo poema decorosamente conseguido.

Apenas entramos en el sustrato de los poemas de Miladis Hernández damos con grandes preguntas. Una de sus preguntas básicas tiene que ver con la fugacidad. La poeta de este libro solicita a lo celeste la posibilidad de esculpirse, de quedar sujeta en lo que se fuga, que es un anhelo del espíritu en medio del cuerpo. Hay algo en su entonación que revela un temperamento incoactivo, hecho al súbito, al salto hacia lo imposible.

Pero el lenguaje revela sus límites, y la voz se mira a sí misma, ordenando a la expresión la mayor plenitud. «Dilo todo de una vez /Delira desde el mástil de los gorriones / Doma el enigma rapaz del clavo / Mugriento en la pared», así ordena en «Liturgia de John Donne». Véase la sabia impronta de los símbolos, tan fuertemente antitéticos, en el sentido de la inútil permanencia y la alegre fugacidad: el clavo y el ave. El buen poeta lo convierte todo en símbolo, como un Midas semiótico.

Un sagrado instrumento ha sido creado por el hombre: el lenguaje, que es cúspide de expresión y límite doloroso que detiene el súbito torrente interior, todo a la vez, con fiereza simultánea, en el turbión de la angustia creadora. «A mí la muerte me ofrenda / Con luminoso salitre. / Lenguaje no me humilles no censures mi aridez / No te postres sobre el vaho de las heridas.» La capacidad rica e incisiva de la muerte tropieza en la red de la expresión, evidenciando la pobreza especular de las lenguas. Y la poeta sufre doblemente, por la blanca erosión de la muerte y por la renuencia plasmadora, disuelta sobre el lacerante vaho.

La vida es sisífea. Sísifo somos todos, dentro de nosotros mismos, en la vida que vivimos, que es nuestra gracia, nuestro punto lúcido de asirnos al mundo. En la punta de una roca nos aglomeramos, copando los milímetros en lucha bestial, empujados sistemáticamente hacia todos los bordes. Y no queda más que un sentido: despedirse dejando un rastro lo mejor pulido posible. Así dice en «Antigua inscripción en la piedra»:

La roca sobre mis manos
Dócilmente atropelladas por la dispersión
Sin ningún halo de pertenencia
Zozobra de aguantarlas en íntimo altercado
En pulida agitación.
Vuelven a derramar mudos adioses
Sobre la anciana piedra que desbasta la memoria.

Vivir es una épica mordedura. Conflicto, agresión de porciones, soldadura de batalla, hasta que cae sin asideros lo lidiador en la sombra que pasa. «Mi traspasada mortalidad en épica mordedura / Más allá del pánico bochornoso / De la bulla y rencores / De todas las cicatrices que circunda.»

Vivir es estar sujeto a la mondadura, a la sajadura tremenda, a la mutilación brutal de lo que se nos acerca para separarnos de los seres y del aire. Eso es continuo, inherencia de existir, como una ranura en un mármol, que guarda algún absurdo enunciado en su caos de sólida rectitud.

Hay que estar en todas partes: el hombre es un trashumante que se enraíza, y en los sitios más fantasmagóricos y distantes forcejea entre sombras que se dirimen y calcinan entre sí. «Pude huir por la barcaza del Nilo a contracorriente, con las nimias rosas / Pude yacer como tú sin los grilletes, sin el astil que avarienta / El torvo gris del horizonte.» A ganar la batalla de la dispersión, corriendo a los cuatro puntos cardinales. El viaje cose lo disperso, crea una música de encrucijadas, salta de un fósforo que se marcha a otro que ya adviene en la noche tremenda, y el pensamiento establece una cadena de rosas sobre los grilletes.

Estamos en camino, junto a otros, dentro de otros, fuera de otros, entrando y saliendo en la otredad de los seres y los espacios, que es el puente permanente de la angustia del tiempo que nos corresponde, pues nos ha sido dado y nos es retirado de los ojos en determinado segundo. «Los viajeros negarán que anduve desnuda dando traspiés /Por la montaña de Egipto con lascivo temblor aullando con las cadenas.»

La mujer que viaja, y adelanta desnudándose, liberando sus contornos aprendidos, sus mantos ajenos, hasta que queda en libertad febril sobre la montaña misteriosa. Todo viaje se emprende para alcanzarse uno mismo, y poder saludarse ya definitivamente en la semilla que se despide.

(...)
¿Testificas tú, peregrina marginada?
Chocas al azar y veo el horror
De asirte en el envés de la sangre que naufraga
Sobre el designio de estas manos.
¿Describes la vergüenza, el odio o mi soberana desidia?
¿Todo cuanto drené en la confusión, todo cuanto perdí
En la inefable hoguera?
¿Pueden importarme los cadáveres que se sumergen
Sobre la envilecida herrumbre del reino?
(«El oro de Tuya»)

¿Qué resta si no preguntar? Pero las preguntas poseen sus técnicas de sortilegio, se encadenan con sésamos propios, y constituyen la piedra de toque de la elocuencia genuina. Miladis Hernández pregunta con fluidez, coherencia y vigor. Sus versos indagan con cintas expansivas, con hachazos melodiosos. Y nos entregan la sabiduría que establece la lucidez de no saber, de sentirse heridos por la carencia de respuestas en el momento de más golpeante revelación.

«Prueben que el sol vuelve a lamer la incertidumbre que nos iguala / No hay nada que sea distinto sobre esta invisible bruma de alistarnos / A las ruinas que astillan con infranqueables dejaciones.» Y aquello que queda después, la momia de la sombra que somos, ¿prueba que en verdad existimos? Bien sabe la poeta qué sobrevive al Fausto y la gloria, al lujo y la arrogancia: su paso por Egipto, como nuestra Dulce María con anterioridad, y por París, y por Londres, y por Escocia, y su sempiterno retorno al Guantánamo amado, le corroboran la igual-dad de lo distinto, y la entrada permanente en la bruma invisible.

Estamos solos en nuestra vida, y ese aislamiento es un silbido apenas de Dios. He aquí la vieja pregunta tremenda: ¿para qué he nacido? « ¿Por qué nacer sobre el llagado surco, en inasible arena, en agobiante páramo / En el certero trillo del abandono?//Desclavo la voz y mi aislamiento.» Sin embargo, lo perentorio, lo efímero no debe olvidar la gratitud: he aquí una ética frente a la muerte: «Crispan las sienes con gratitud perpetua.»

Bueno es el viajero que un punto de la trayectoria le define el siguiente, pero es mejor viajero aún el que extiende rectamente el brazo hacia el horizonte y pone los ojos del alma en un sitio escogido. No es partir por partir, como nos aconsejaba el gran poeta francés. Pero la necesidad gobierna el mundo, y pocos van a donde quieren, sino que los pies toman hacia donde pueden. Entonces no queda más remedio que encontrarle un sentido a lo que ha sucedido imponiéndose, para saber que lo que nos supera nos tiene en cuenta aunque sea de un modo incoercible.

En París, frente a la tumba de Vallejo, meca del sufrimiento de América y del Hombre, capilla lejana de nuestras tierras, la poeta monologa con todos nosotros. Ya el poeta latinoamericano va a París por Vallejo: ¡cuánto hemos crecido dentro de nosotros mismos! Allá en Montparnasse tenemos también nuestros túmulos, nuestros vehementes obeliscos de patria continental.

¿Por dónde desanda el pájaro negro?

Detrás de mí, desterrado por la seca gama de los muertos

    ¿Forjo otro daguerrotipo? Vallejo

    ¿Qué hago con este mapa absurdo si no te encuentro?

    Aquí tienes mi rosario de cuencas blancas

    Las dos piedras prometidas sobre la banderita

    Que te dejaron los peruanos

    Y mi muda tinta que nada ambiciona.

    Me quedaría hasta el alba tan solo por zarpar

    Con la vendimia de algún verso

    Ve rehaciendo las líneas preteridas,

    Horcones para el mío sobre el mar.

    («París, tinta y mapa para los muertos»)

Hay que hundirse, para encontrar los símbolos de lo alto. La plegaria escrita por la poeta en la caverna de Platón es la actitud emocional básica de su libro, que es una emoción de pensar profundamente en el destino de los seres, todo trasvasado por el individuo latiente y ansioso. Todo ser profundo calla, como un extranjero, habla con la lengua invisible de la extrañeza.

    (...)

    Denme el espejo de la jaula —el hambre oportuna

    De la Pared— los destrozos y las ruinas. Únicamente

    La hoguera —arrasadora. La puntería de la luz

    Secándose en mis pupilas. Únicamente

    La confusión, la sajadura, el cinismo y la desdicha

De tal luz. Silente y extranjera.
(«Apuntes de Platón sobre el mito de la caverna»)

Este verso es una inscripción absoluta de su poética: «Apenas puedo morderme la lengua.» Una nueva inscripción poderosa de la matriz de su dolor: «Me torno pelambre, bestia desasida, apretujada tristeza.» Esto es el hombre: una vibración en un agujero. La vibración no solo es lo que es, sino que también constituye un deber «vibrar en el agujero». Todo es pregunta, porque la realidad no se colma jamás: «...La realidad / Nunca se satisface...» La poesía es como una plegaria de un bueno dolido en el huerto tremendo de Getsemaní. Lo más humano de lo humano con el rostro hundido entre las falanges, acudiendo a lo alto, a la patria primera: «Como una sangrienta despedida.»

La entraña conflictuada requiriendo los más hondos instrumentos no puede encontrar mejor imagen: « ¿Qué arados desplazarán mi agonía?» He aquí un resumen del drama del hombre, y de la actitud expresiva de este libro: «Actúa lenguaje. Premástica / El destierro esqueletoidal. Tumba soy / Nube de un día. Tramoyada / Por la comedia de horrores.» He aquí un resumen más lacónico aún: «Invencible separación / De las cosas que hambrean porque quieren vivir. // De las cosas que fenecen por remordidas eternidades. / Las cosas viven en el fiero morir.» He aquí una corona expresiva de tal actitud:

Un poco de ternura para mí
Un poco de lacio amor para la fatiga
Una cama y que alguien me devuelva mi inútil infancia
Todas mis memorias.
Los pormenores de la infinita sombra
En disolución.
Ya estaré —Ya estoy—Ya estuve

El presente libro de Miladis Hernández posee una fina sabiduría compositiva. Todo el arranque fervoroso que lo caracteriza, incluso soltándose con frecuencia hacia la demasía, se distribuye, sin embargo, en piezas que saben ser consecutivas, con una ecología secuencial formidable. Las piezas que se dividen internamente en varios textos están cortadas y adheridas por los salientes justos, por las vecindades más productivas. Todo buen libro de poesía debe tener una energía añadida, superior a la de los poemas como unidades constituyentes: el arreglo del conjunto en un sistema de expresión fluido y armonioso.

En un libro donde se juntan poemas que aspiran a dejar testimonios de viajes reales y otros sutiles, todo bien fundido en la artesa de una gran emocionalidad que reflexiona, y en que los mundos geográficos, plutónicos y celestiales se intercambian a través de la voz de la peregrina que canta, lo compositivo requiere una imprescindible atención, delicadeza constructiva e imaginación profusa. El lector que disfruta no solo lo que se dice, sino el espacio en blanco y el tiempo mental que los versos ocupan, tendrá en este libro —más allá de los desbordes de algunos tramos— un frontispicio que contemplar con detenimiento y singular percepción estética.

Prueba al canto de lo dicho es cómo la poeta culmina su plegaria y su diatriba —el libro es ambas cosas— con el expresivo poema «Samuel Taylor Coleridge arrecia en mi laberinto la flor», el extraordinario líder del romanticismo inglés, cantor de lo sobrenatural y lo cotidiano, como nuestra poeta:

> Tú sueñas que te recontrasueñas
> Y reflejas sin amparo mi caída
> Mientras yo vislumbro el eco —viejas letras asesinas
> Mis ojos empolvados por agónicas cenizas.

Algo me come mi patria   mi hambrienta
algarabía
Mi ocioso clavo sangra sobre el irrompible azar
Abusa con fanáticas tribulaciones.

ROBERTO MANZANO
El Canal, febrero de 2009. Cuba

El hombre es como un soplo
sus días son como la sombra que pasa
SALMO 144:4

a mi hija Nayla
hueso aterido de mi sombra.

LA SOMBRA QUE PASA

Sombra de mi sombra
¿Acaso surges como isla
de algún desprendimiento?

LITURGIA DE JOHN DONNE

Escúpenos en la página Señor

En ella raspo un cáliz

Tan frío

Como el ámbar que exorcizan mis sienes

Ateridas al rasponazo de la voz.

Dilo todo de una vez

Delira desde el mástil de los gorriones

Doma el enigma rapaz del clavo

Mugriento en la pared.

A mí la muerte me ofrenda

Con luminoso salitre.

Lenguaje no me humilles   no censures mi aridez

No te postre sobre el vaho de las heridas.

Envía

El acento que cría al sufriente huesillo

Cuesta abajo en el pútrido presagio

De compadecerme
Hasta estallar con el grifo clandestino
De la desolación.

A mí la muerte me dora
Con secas espinas
Con el angosto delirio de acampar
Sobre el llanto que extralimita
El colgado horizonte
Íntima unción con el deterioro
                    De indefinida causa.

Tal vez me acechan lerdas nubes
Tal vez el corazón reitera su húmeda franja
Exige la otredad
Resucitadora de las palabras
Desmesura para hurgar sobre el cadáver
Que se estrena con el parto infeliz de la liturgia
Con el vocablo mediocre de la oratoria
Celestineando
                    ¡Manos sin trazos!

¿Qué importa cómo me llame Dios?
¿Qué importa otro Eunuco en el coro?

29 de julio de 2003
Guantánamo.

ANTIGUA INSCRIPCIÓN EN LA PIEDRA

... ya que el tiempo y el destino
se parecen los dos: la imponderable
sombra diurna y el curso irrevocable
del agua que prosigue su camino.
JORGE LUIS BORGES

La roca sobre mis manos

Dócilmente atropelladas por la dispersión

Sin ningún halo de pertenencia

Zozobra de aguantarlas en íntimo altercado

En pulida agitación.

Vuelven a derramar mudos adioses

Sobre la anciana piedra que desbasta la memoria.

Nadie pierde la crapulosa manía

De asirse a la sombra y al agua.

¿Quién no transita por tales parajes?

¿Por tales desechos con ríspido cabecear

Temblor o aciago desmoronamiento?

Atolondra el rictus de lo que reescribo

Contra el haz de mis ojos.

Ruedo con aspas   casi resignado

En crucificada corriente   en éxtasis   encarcelado

Sin nombrar el horizonte que no se debe nombrar

En este tardío reclamo cifra el agujero.

Podo las tribulaciones del perro

Abarca y huye con blasfemia maldita

Sediento de mi cama solitaria

De la fatua paz que mascullan los durmientes.

¿Quién quiere urdir todas estas tiranías?

¿Todas las velas, la poca fe que destierra

Al perro y a los ruiseñores?

¿La pobreza inútil de mi alma litigando?

Por desgracia desgrano el poniente

Estoy devolviéndole

La aceptada renuncia

Con balidos de desgano.

Mi traspasada mortalidad en épica mordedura

Más allá del pánico bochornoso

De la bulla o rencores

De todas las cicatrices que circunda

Mi codiciado amor con ciego remordimiento.

Mi angosto amor esperanzado con la muerte ajena a la mía

Mi alto laberinto colmado

Por un ángel ávido de mi proscrita quimera.

¿Qué he roto desde el Castillo y reencarna mi desvelo?

¿Qué mendigo en el derribado atropello?

Para coser el hambre que punza la lejanía

En inmaculado cerco

Recobra mi desaliento

Prefijado por la celta arcilla que me condena

A ser jadeante negación.

De nuevo peligran sentenciosas

Palabras poco conmovedoras.

Surcos contaminados por etéreas rupturas

Mis pasos descendiendo

Por enclenques lluvias

Y las imponderables generaciones.

13 de marzo de 2004
Eynsford Castle, Londres.

EL ORO DE TUYA

Morí sin cambiar las cicatrices.
Maldije untando arsénico sobre los miasmas de algún labio.
La muerte salvaguarda un tiránico almíbar sobre mi rostro
Para que los dioses hinquen ortigas negras.
Vienen las cenizas a empecinarse
Sobre el ademán mordiente de las tribulaciones.

Entras en este desprendimiento o reencarnas con celo
Dejando las heridas.
No hay condena que logre embrutecerme.
Abismo que pudra el rencor en mis entrañas.

Pude huir por la barcaza del Nilo a contracorriente
Con nimias rosas.
Pude yacer como tú sin los grilletes
Sin el astil que avarienta
El torvo gris del horizonte.

Sobre mi piel pastan maldiciones.
Se augura un torbellino que arde con soberbia
Cirios del mediodía espuman el destierro.

Sobre el madero caí llevando los caballos con áspera duda.

Sobre la piedra caí rumiando las obsesiones.

Soy la temblorosa, la insatisfecha soledad en el sarcófago.

Quítenme el espeso oro de los maniquíes en mi faz

Quiero mirar:

¿Cómo fijaron los adioses?

¿Quién enterró en mí los ocasos?

Los viajeros negarán que anduve desnuda dando traspiés

Por la montaña de Egipto con lascivo temblor aullando

Con las cadenas.

¿Arrastras el hierro conmigo?

¿La primavera late o hace un nudo?

¿Testificas tú, peregrina marginada?

Chocas al azar y veo el horror

De asirte en el envés de la sangre que naufraga

Sobre el designio de estas manos.

¿Describes la vergüenza, el odio o mi soberana desidia?

¿Todo cuanto drené en la confusión, todo cuanto perdí

En la inefable hoguera?

¿Pueden importarme los cadáveres que se sumergen

Sobre la envilecida herrumbre del reino?

Mi sombra y tu sombra y viceversa en los confines

Digeridos por el atropello.

Mi sombra o tu sombra roídas por el mismo desánimo.

¿Qué deshecha oración hacen los mortales?

¿Qué viento pasa sobre la vorágine de una roca?

¿Consagras el tedio, el modelado sacrificio, el sopor

De corrosivas lamentaciones?

Pueblo y sequía arrasada por despóticas tinieblas.

¿Percibes el espanto?

¿Rasguño para lisiar el desaliento?

Ataca el polvo en crujiente lejanía.

Una marca oscura nos asemeja

Hacinados destierros confirman que hemos sido tatuadas

Sobre los muros —muertos.

¿Qué ennegrecido barro recae sobre los huesos?

¿Qué maná recojo tras las lluvias de abril?

Prueben que soy la momia.

Trastocan esclavos con impudicia y desvelo.

Prueben que el sol vuelve a lamer la incertidumbre

Que nos iguala.

No hay nada que sea distinto

Sobre esta invisible bruma de alistarnos

A las ruinas que he visto

Con infranqueables dejaciones.

¿Qué desdén urde o salva?

Vendidas monedillas —vendidas voces —vendidas añoranzas.

Fango o pizca de verdor en la sed que nos desgasta.

Aciago trinar de la vida asquea con su fracaso.

Tormenta para ahogar todos los misterios concedidos

Asienten o se amontonan en apacible desolación

Corazón que se aturde al vaciar su afilado esmalte.

Encubro la espina, el amargo derrotero,

Detenido paso sahumado por la espera

Para quebrar raíces del crepúsculo

O confinar el paroxismo que nos separa.

¿Qué canto corono con albatros?

¿Qué mudez pende de la afrenta?

¿Por qué nacer sobre llagado surco, en inasible arena,

En agobiante páramo

O en el certero trillo del abandono?

Desclavo la voz o mi aislamiento.

¿Me miras tú, máscara única, me instas a pegarme a esa grieta?

¿Me sajas tu lumbre? ¿Me saqueas? ¿Eximes la caída?

¿Me doras con fulgor?

¿Calcinas mi silencio con insomne melancolía?

¿Despiertas mis aflicciones?

Crispan las sienes con gratitud perpetua.

22 de abril de 2005
El Cairo, Egipto

PARÍS, TINTA Y MAPA PARA LOS MUERTOS

¿Por dónde llega el agua irreal?

Desfilan truhanes consumados por el horror

Arden sin maromas queriendo ladear con su invasión

Aturden inefables maniquíes sobre la vieja película,

Posesa de París. Totalmente confundidos

Sobre la fatua arena que lavo en el cementerio.

¿Por dónde desanda el pájaro negro?

Detrás de mí, desterrado por la seca gama de los muertos

¿Forjo otro daguerrotipo? Vallejo

¿Qué hago con este mapa absurdo si no te encuentro?

Aquí tienes mi rosario de cuencas blancas

Las dos piedras prometidas sobre la banderita

Que te dejaron los peruanos

Y mi muda tinta que nada ambiciona.

Me quedaría hasta el alba tan solo por zarpar

Con la vendimia de algún verso

Ve rehaciendo las líneas preteridas,

Horcones para el mío sobre el mar.

¿Qué beso?, Oscar. Domada lozanía tientan tus pieles.

¿Qué canto entono para confiscar el fracaso?

¿Qué avalancha? Insolente ventisca

Contengo para tatuar la virgen con tus mieses.

¿Qué habrá sido de aquel carruaje?

Píntame tú los labios contritos

Bajo el mismo azar que aúlla

O delimita el impuro alfabeto.

Has que tiemble la primavera, carteles eróticos

Simiente de querer los prójimos necesarios.

Mi madre en parda isla nimbada por remolinos de la demora

Con mendicante ajo y tristeza de acero.

¿Qué sarcófago elevas?, Delacroix.

Zumba harpía violeta con nimias ruinas

Agota la noria o el ave fénix

Mi garganta con brújulas premasticadas.

¿Qué remos?, Charles.

¿Qué derrota zahieres en el recinto oscuro?

¿Cuántos desfiladeros manan mis ojos?, Baudelaire.

Acechan fantasmas en el rinconcillo limpiasienes

Astrosas espadas acompañan. Hierbas o Ítacas por descubrir

Rostros sobre un cierzo que desnuda la incertidumbre.

Perdí las fotos en el túnel, el papelito

De esa visa que también los muertos mendigan.

Vuélvete hacia el Sur a lamer la inevitable idolatría

A chupar la trituración o la quebradura

Engranaje repulsivo de disimular con lacia risa.

¿Quién tuerce los tulipanes?

Balzac, desde una tumba hacia otra

Con el viejo vicio de robar, de ser parásito de contrabando

¿Qué reflejos unges o atortola esa diáspora en la cabeza?

Mi carne se desdora, enhiesta con masturbada transgresión

Muerde el muro con incestuosa lastimadura

No he sido iluminada en tibios laberintos

No soy yo quien devora el cielo con sordas protestas

Con gárgolas o escalofrío.

Mi avaricia se interpone

Mi ingratitud se ensancha a contratiempo

Entre el azoro, la calma

En la burda estampación de lavar mis manos en el Sena

Dejar las naderías sobre el panecillo caliente y luego huir

Vencido por el hartazgo y el asombro.

¿Por dónde regresar? *Sortier, sortier*

Ignorar hechizos consoladores

Las ciudades o las ansias que me quedan.

¿Hacia dónde disipar los espíritus?, Allan

¿Las voraces sombras entre cadenas y margaritas

Ateridas por el vientecillo de mayo?

Lo demás se espanta en la memoria

En la angustia, en el asedio o en el olvido.

Secreta luz que advierte con tono amenazante

Rezos, aromas o vestigios de continentes.

Para débiles insulares en el cerco de la pesadumbre.

Para pobres reclusos que desangran la desolación

Para indolentes asesinos

Con el moho de las fronteras.

Son los golpes reconocidos, los de antaño

Los que ahora deletreo

En esta cerca donde gracias a la llovizna

No estoy tan triste.

8 de mayo de 2005
Cementerio de Montparnasse, París

APUNTES DE PLATÓN SOBRE EL MITO DE LA CAVERNA

(PRÓLOGO)

I

Las sombras en la caverna sin compasión ni herida
Conjuradas por descalza frontalidad. Desnuda sin los cuchillos
Sin la saliva prisionera. Sin equívocos
Arrastrándose sin vehemencia. Son ellas sin pulcritud
Arrasada por los contornos. Sin sitios verdaderos.
Son ellas en la hipnosis de la barranca. Sin ojos
En la adversidad, en la espuma o en el oscuro rumiar
En el peinado –silencio –cristalino. Aumentando
Las figuras definitivas. Se dañan y no se afirman
Para esclarecer su torcedura inimitable
Apresadas contra la furia de la auténtica pared.

(ANFITEATRO)
II

Postrado en la demencia surco el lenguaje del vacío

¿De qué sirve sosegarme frente a la soga que castra

Mi agotamiento? La liberación puede ser un contagio

Para el hombre que se conmisera de su lumbre

Denme el espejo de la jaula —el hambre oportuna

De la pared —los destrozos o las ruinas. Únicamente

La hoguera —arrasadora. La puntería de la luz

Secándose en mis pupilas. Únicamente

La confusión, la sajadura, el cinismo o la desdicha

De tal luz. Silente y extranjera.

(CEREMONIA)
III

Solo esta plenitud puede masacrarme. Solo esta realidad
Me acecha o esta dicha me contamina. Verdín huerfanito
Refulge hambriento. Corazón sin plegaria en la vorágine
Sonora. Libertad asesina quemando mi inmortal visión
Limpia o tostada por la fuga. Amenazada
Por el delirio de no querer morir. De no querer
Deshacerme de mi ínclita complacencia
Cumbre solitaria en mi herejía. Sordo peñasco
Para la desolación donde solo esta luz
Puede quitarme lo que avanza conmigo.

(HOLOCAUSTO)
IV

Deambulo y Dios se aferra con firmeza

Sacralizado escozor manoseando el velamen

Esplende un tortuoso desgarrón sobre el dienteperro.

Tu hermetismo te condena: dice

Sobre esta insidia, pespunteada maleza

Cañamazo que momifica el destierro.

Muerte acabada será

Pájaro extasiado, efímero en histriónica casería

Olvido también en la estela célical del soplo

Que devana miedo.

(RESORTE)

V

Apenas llego a comparar la desnudez de otro límite.

Apenas trazo sílabas en−equívoco-abandono.

Apenas me ahuyento del resorte.

Apenas puedo combatir la memoria de la sombra

Ser su danzante máscara. La invicta curadora,

Salmuera predestinada para socavar los fantasmas

O hacer que todo termine.

Apenas puedo morderme la lengua

Flagelarme ante el ludibrio y las cadenas.

(ATASCO)
VI

Estas huellas van a errar

Ante el común escalofrío del deterioro.

Salgo de la huella. El desgano atropella

Laberinto indoloro de la oración.

Vísceras, virtudes –vidrio y pánico en la cabeza de San Juan

Después las mismas interrogantes

Frente a los cajones, al atasco de los clavos

Frente al tedio que supura en la víspera.

Me torno pelambre, bestia desasida, apretujada tristeza.

(RESACA)
VII

Quiere mi eco reñir

Profusamente frente a las prohibiciones.

¿Conduele llorar?

¿Compartir la paciencia de Montaigne?

¿Cuánta melancolía sobrepuja en la cáscara?

¿Cuánta miseria alienada?

Hurgan una líquida mutilación del ensueño.

Podría ser sorbido por el desastre

Multitud que zahiere con infausta corriente.

Podría envejecer en la cuerda sin reflejo

Sentir el afán de la inercia

Sucumbir por el grito. Ver la rendija.

Podría mi lastimada certeza convulsionar con los barrotes

Con la tisis. Llagada incertidumbre. Con toda la rabia

De vibrar en el agujero.

(PURIFICACIÓN)
VIII

Mi sombra poda su pensamiento o se lame a sí misma.

Desgasta el sendero inasible de la espuma

Espinas para un cuerpo (Inarrancable)

¿Sabré tomar relieve?

¿Accidentarme en la purificación o el desastre?

¿Sabré ser morada, idilio, suicidio o lejanía?

¿Averiarme sobre el vaho del cadáver?

¿Despeñarme con el trazo inequívoco de estar vivo?

(CORO)

IX

Podrido por la firmeza de esta luz retorno a mi celda

Insepulta de malestares. La realidad acorta

La hermosura o el resplandor. La realidad

Nunca se satisface, encara la promisión de la desdicha.

Forzado he sido a revelar el desajuste incisivo

De los cadáveres. Forzado a acompañar

El hedor de los añicos.

¿Qué ofrece la coartada de la sombra?

No me salvarán de bastardas prohibiciones

Del descuartizado anonadamiento

Arcada venérea

De la vida rodando por mi cabeza.

10 de mayo de 2003
Guantánamo

TRÍPTICO NIMBADO POR LAS LÁGRIMAS DE CRISTO

LA ORACIÓN DEGETSEMANÍ

I

a José Rafael Hernández Vega,
Sebastián único
en el pasto de mi aliento.

Y adelantándose un poco se postró
sobre su rostro, orando y diciendo:

Padre mío

¿Cuánto me queda por respirar a tientas de la aurora?

Sobrenada la tristeza en el mísero deambular

¿Cómo guío los pasos con valentía?

¿Quién me ata a la desnudez de los altillos?

Ávida es la prontitud

Hacina sales sobre el huerto languideciente

Platea mi caída con criba o cáliz para rebozar la eternidad

Voluntad sollozante: Soy yo quien debe partir

Titiritando en la albura del badajo.

II

Miro en pos del poniente
El miedo traspasa llagas venideras
Nimbo de cielo. En celo hacia mí
Incienso y turmalina. Gasas rojas
Cayendo en la oscura mudanza de los discípulos
Dejación del pájaro. Ansioso
Rasga hervor desgranando lo infinito
Astillados inmortales incrustan el vacío de mi muerte.
¿Quién soy sin este destierro?
¿Sin flaquear con el abismo?
¿Cuántas lágrimas caerán
En el charco plomizo de la niebla?
En torno a las yemas descoloridas del dolor
Revientan el osario dilatándome la cara.

III

Padre mío.

Si te es lícito podarme este temblor (inatacable)

Adosa el viento para yantar la estocada

Reclámame sin otro oficio de lavar arcillas

Quiero ser audaz cuando desaparezca la víbora

Y presienta lo eterno

Cuando palpe moscardones en la tumba

Premiosos desencuentros para abolir la renuncia.

Echo mi sombra a zumbar

Es como abonar la incertidumbre.

Polvorientos desechos perfilan la mascarada

Aullidos de pueblitos cuelgan de estos Salmos.

Temple de martirios. Y juro que he visto

El costado de otros hombres padeciendo entre dalas

Graznido de otoño desnortado en calabozos

Adoloridas repeticiones para erigir la lucidez.

IV

¡Qué ardor fugaz consume al sediento!
Impenetrable contemplación.
Se tornan visibles vencimientos del rostro
Señalan presas miríadas de espumas.
Frondas de preguntas. Inconclusos pronósticos
Sin compensación sobre los mármoles
Grises dorados como ventisca de ayer.

V

Dios tan reciente

Como el vino perturba con hiel

Puntea velas para descarnar el amor

Pelele en vilo detrás del espejismo

Detrás del laurel con humilde mano desposando raíces

Bajo el polvo tímido con su traje de costumbre

Inflama leños que imagino muertos

Que logro encender con el tálamo milagroso.

Quedan sellados veleros de pesadumbre

Dando un indicio de desventura

Perenne melancolía como garza en desvarío

Cuando el hoy apedrea con escarnio

O deja una sangrienta despedida.

SEMBLANTE TRÉMULO DEL CALVARIO

I

Padre

Relumbra la cortada

Raído hastío contra mis recuerdos.

¿Qué indecible verdad enardece lo limpio?

Atortolan mis pasos hacia el surco de mis muertos

Gallarda conmiseración, un ángelus o una fuente me devora

En el desierto prístino de la desolación.

II

Sé del pétalo en la lluvia. Sé del limbo de la noche.
Vastedad o arpegio para resignarme en la deriva.
Sé del Padre que dora al Cordero. Con leve gesto
Con leve mordedura para vindicar la tela.
He resistido un alfanje. ¿Puedo ser dócil?
Derrota que entorpece piel inoculada.
Brasas dolientes serpentean sin candidez.
Reflejos errantes abrevian pústulas de verdugos.
¿Qué crimen anunciarán los cuervos?
Réquiem aburrido –mohoso–
Mordible empuñadura
Clava mis huesos bajo el laúd y el centinela.

III

¿Esta es mi fe Señor? Tomadla

Desamparo cejijunto cercado por el abandono.

¿Esta es mi cumbre? Tala de náufrago en mi faz

Nidales de piedras depuran el desaliento

Craso sol horrorizado en la compuerta

Batimiento de turba me escupen el semblante

¿Esta es mi desventaja?

Desgarrón contrahecho.

Migaja de tedio contra la hondura

Palmotazo del peregrino. Fragores o misterios

Recortan el ensueño con áspides

Zahieren mi grito de la desesperación.

IV

Relámpago certero
En la Verónica afrenta que es vivir
Con orgiásticas palomas en mis ausentes.

V

Padre redentor

Arranca mi presencia de estas horas.

Se me pierde la savia de un antes y un después.

Acá el hombre con el blanco augurio

Sin espina en el cielo.

Celestial silencio en la pendiente

Desnuda el lirio o la desmemoria.

Allá mi sed sobre una arena de cicatrices

Petrificada en el dolor interminable

De un andar tras las furnias o las visiones

Vaticinadas en lo profundo de la roca

Bajo el ámbar silvestre de la espera.

¿Dónde está mi Gólgota?

Húmedas palabras en el cetro de la obediencia

Arden bajo la Cruz que debo.

BORDONEA RESURRECCIÓN INSOMNE

Era su aspecto como un relámpago
Y su vestidura blanca como la nieve.
SAN MATEO 27-28:3

I

Descúbreme, Señor.

Acepto el breviario de aliento

Que me ata a otras respiraciones

Nunca seré dueño de esta posesión. Acércate

Para sajar los páramos prendidos de mi cuello.

Soy mártir socavado por el horror de las paredes.

Sin cirios ni acequias para dormitar en el ocaso

Iniquidad de ruinas (emancipadas) como un coro en el río

Generaciones perdidas avizoran mi descenso

Con encarnizados anillos.

II

¿Qué haré si pierdo la corazonada?
¿Alcanzo otra manera de morir?
Dejadme la ira (Desvaneciente)
Resuena lejos
Pobreza arrugada en alcándaras de sudores
Cenicientos juncos. Lumbre en el sepulcro
Para amanecer con los clarines
O negarme a capitular
En la estela de los despojos.

Mis ojos desvelan la mar embravecida
Umbría resistencia en mi Corazón
Sangrado.

III

Padre

¿Qué podré confinar en la borrasca?

¿Cuántas preguntas del agua?

Fétidas dádivas recojo de mis prójimos.

Si calcárea huella comprime lo que ignoro.

Anclaje taciturno. Pujanza de estar dondequiera

Sequedad de sangre para reprimir maderos

Para despertar ovejas rendidas en el marabuzal

Estrellerío cimbreante. Alguien me niega

Murmura sobre el resurgimiento. Ataca mi bondad

Indefensión en la espadaña. En los esmaltes

Triunfantes playas rebotan en mi ser.

¿Qué arados desplazarán mi agonía?

IV

Líquida Resurrección.

Nítidas lanzas entre los incautos

Sonajas de reos desquician mi nombramiento.

Hosca isla sin parabienes. Nichos de belfos o rufianes

Atrapándome en el duelo de tábanos moribundos

Con doble lengua

Entresijo de leprosos en la morada del ave.

V

Padre siento hedores en la Cruz.

Tenga piedad para el ojo sempiterno

Acendra cales para ayunar con las reses

Ángeles inoídos merodean encajes sin verdor

A ras del desprecio destejen los transeúntes.

Otra lástima bendice mi desgarramiento

Soy estatua que levita por los clavos.

VI

Ya no estoy en el cadáver.

Sea yo el hombre, sea yo fidelidad de los dolores

Regreso deformante para crispar la mansedumbre.

Escorar el horizonte no es la remisión

Para aliviarme con la resina o el llanto.

Soy punto muerto. Sinagoga que quiebra las mortajas

Violento perdón de la voz que rezumo.

No me pronuncio

Vuelvo a mendigar la altivez del difunto.

V

Vendrá la muchedumbre a purgar sobre mi sien
¿Acaso la eternidad se escabulle en mi azoro?
¿Acaso soy plenitud enrumbada
O la esperanza que queda balbuciendo?
No soy culpable de esta bruma. Me avalancho
O soy impulso o una gota de pasión
Accidentándome para no dormir en el trasiego.

VII

Padre

¿Acaso soy?

¿Querella para urdir a los infames?

¿O rescoldo en el hilo del sainete?

¿O desenvainada cólera en las escrituras?

¿Rupturas o alaridos?

¿Certeza en el atrio para lamer las sogas?

Laberinto mío. Sarna en el templo que se raja

(De repente)

Espiga prodigiosa. Cuerpo ungido por el vinagre.

Yesca aburrida. Me han de acosar los sedientos

Confieso ante la aurora untada de misericordias

Me doy en silencio como un perpetuo conjuro.

Duele mi nombre. Humanidad enmudecida.

30 de agosto de 2003
Guantánamo.

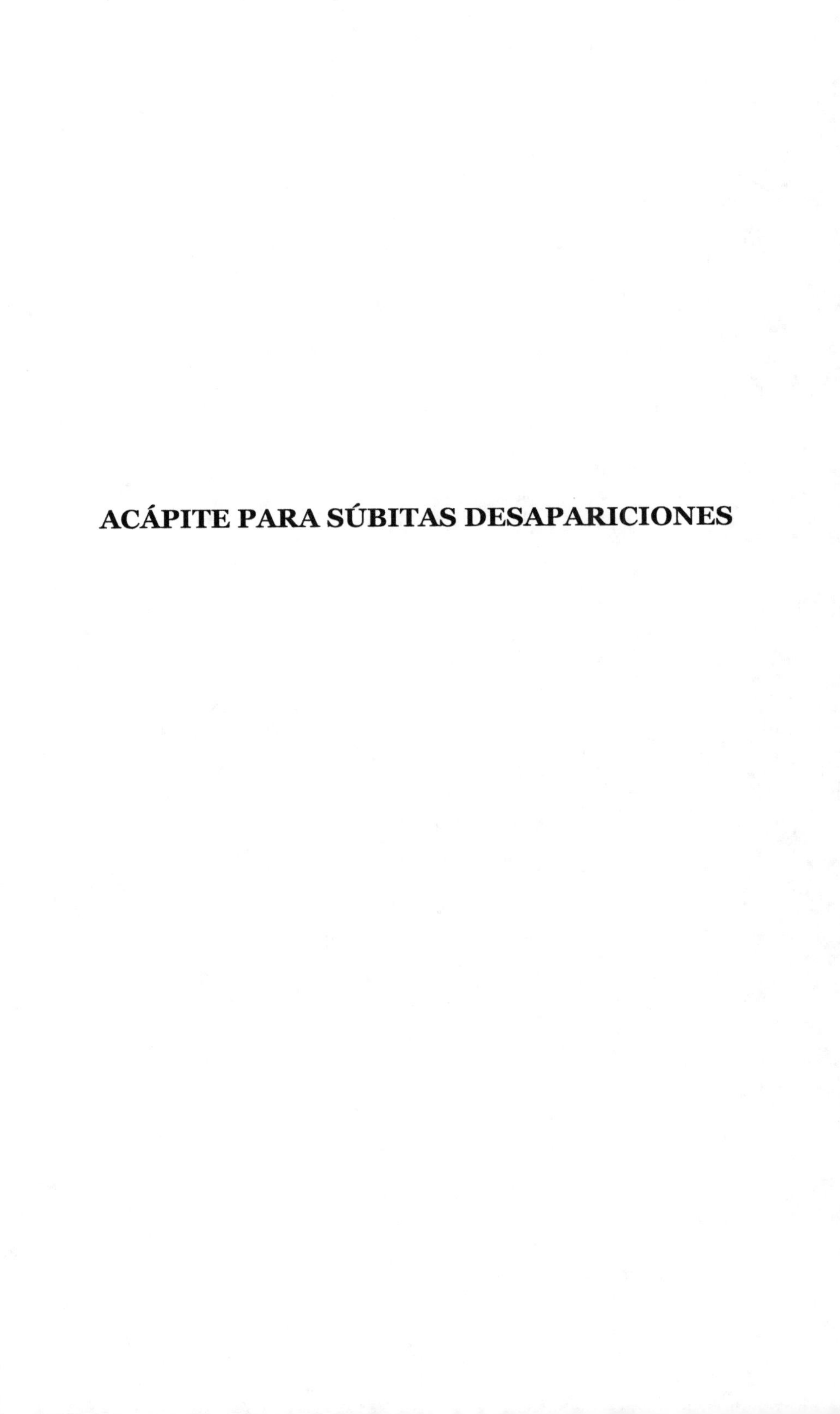

ACÁPITE PARA SÚBITAS DESAPARICIONES

DESAPARICIÓN DE ENOC

> *Enoc siguió andando*
> *con el Dios verdadero.*
> GÉNESIS5.8

Como si estos holocaustos simulen
Huir del acoso.

Nunca dijo Dios:
Estas son tus palabras.

Ahíto me desconsuelo en intacta desaparición
Yo era el tálamo de mí mismo
Estricta espuma —pungente—
Que asesina.
Escueta piedra
En la frontalidad. Ciega y helada
En la impúbera llama de mis carbones
Cardo apolíneo   sufriendo
La castidad y el insomnio.

¿Cómo seguir bordeando la manada pequeña?

No he sentido gangosas vacías de la muerte
Ennegreciéndome con púas.

No he sentido el desvalido hueco
De la muchedumbre en el redil
Para escapar de la rapiña.

Soy pronombre
Arteria que se retarda
Apenas se apresura
A despabilar la desnudez del grano.

Nunca dijo Dios:
Más que este temblor
Sobre la libertad que me devora.

¿Quién me transfiere
La mascarada para no ver la podredumbre?
¿Quién me toma me accidenta me estrella
Me introduce en el trance profético
En claras dunas del fugitivo
Con santas miríadas opositoras?

Nunca Dijo Dios
¿De qué manera te elevo? ¿Te corto?

¡Ay de mi cuerpo! Evaporado
¡Ay de mi cara en la ventisca!

Este nunca acabar se prolonga
¿Puede el hombre esperar?
¿Estar dispuesto a propagarse
Bajo la triste discordia de lo acabóse?

Nunca dijo Dios:
Este es el fin
La fascinación
La compasión por lo sufrido
La anticipada grisura
Que borrará mi sombra.

13 de mayo de 2003
Guantánamo.

MOISÉS EN LA TIERRA DE MOAB

I

He prestado oídos a la punción del relámpago

    Absurdo es el eco que hincha la catástrofe

    Simplísimo como Dios valsa sobre mi espinazo.

Va y viene como un pueblo cobija la incertidumbre

     En el mordible espejismo de azotar el silencio.

     Va y viene acaudillado por mi soberbia.

¿Esta es mi tumba soberana? ¿Este es mi cuerpo?

Disputado por el águila de Prometeo.

¿Este es mi pan? Mi corazón codicia la pezuña

Del picotazo definitivo?

Mi partida hociquea su cansancio. Se acelera al azar

     Soy sombra de las sombras. Hiel de desolaciones

Carne o espíritu en la desgarradura. Remedo de polvo

Azorado por la promesa.

Yo tristemente furioso—descompuesto—solemnizado

Por la aurora. Soy el destierro de esta franja

Que pretendo amansar.

Los hombres siempre olvidan el recado de la muerte.

Los hombres siempre olvidan

que somos un puñado de mieses.

Los hombres siempre olvidan el estupor de la valentía.

No levantaré la vara para aplacar la grisura de los proscritos

Aun cuando me reseque el rasgón transitorio de otro ensueño

    Cuando la memoria proclame mi desaparición.

Aun cuando no me torture la llaga de la cumbre

    O solo sea una herida transida para inmortales.

II

¿Quién sabe dónde estoy? ¿Quién llora o traza

Una estrella sobre mi bóveda malograda?

¿Acaso las hormigas fueron la horca?

¿Acaso me tragó el fuego y el calambre de la zarza?

Quise atravesar la tozudez del horizonte.

Salvar las reses de la tormenta. Pero las reses van a morir

Mascando su lástima y nadie ha lavado con amor mis huesos

Ha tanteado el barro en líquida desesperación.

¿Dónde hube de padecer con orgullo?

¿Dónde hube de manar las cenizas?

¿Dónde dije la profecía salvable?

¿Dónde dicté la adversidad, fragüé la abstinencia

La encrucijada reticente del deterioro?

Tengo un sitio en la barranca para aullar la opulencia

De los míseros trenos.

Tengo un palco en el olvido para conjurar la absorción

De las llamas.

¿Qué palabras testificarán mi visión en la madrugada violeta?

¿Qué verbo denunciará mi mutilación?

Inexorable resistencia en la cascada.

No acato el ocio del pétalo, ni el calostro de la hembra

Flaqueando en el lunes de Pentecostés

¿Para qué este pulso?¿Mi invisible torcedura?

¿Mi insolencia bañada por el leviatán de los muertos?

III

¿Para qué alboroté la división de los mares?
¿Desangré la duda o moví esa muchedumbre
 Corroída por el éxodo?

Me quedé en las afueras
Secuestrado por el desgarrón del llamado.
¿Quién me acorrala en el surco suicida?
De extremo en extremo
Para no encontrar el sacro lavadero del ungido.

Me quedé en la grieta de los páramos
Ambicionado por la pócima de los buitres
Ladeando mi calavera.
Consumido por excrementos
De la trascendencia perdida.

13 de agosto de 2003
Guantánamo

ELÍAS EN LA CUEVA

Atribulado por la insidia de los cuervos
Estoy viendo caer
El blando aceite desde esta grieta que se empecina
A soldarme con pálidos pedruscos.

Una grieta puede pervertir el sacrificio.
Un agujero puede alimentar mi fatiga.

He explorado su textura.
No soy alambre que cortan en una cueva.
Anima lo imposible o recias mortajas
Abrazan mi desesperación.

Desplanto el gesto fúnebre que estremece las paredes
Algo venerable silba en la memoria
Trepana en mi dentadura
O la discordia retorna a mi lengua.

¿Para qué quiero un período de duelo en mi garganta?
¿Un íncubo de ruinas de mí mismo?
¿Pesares circunstantes para atalayar la frente?

Las sombras son estrías, ataúdes ardientes,
despojos de mortales
Remisos para ascender, para no ser más que otro ocaso
En la empuñadura.

—Quise ser saeta pero cada ser convida otra caída.
—Quise ser aguijón o el buitre que espera sublevarse.
 ¿Quién puede quedar mudo o exponerse a la derrota?
—Quise huir del agujero cortando (ensimismado)
El estéril algodón de la barranca.

Convalezco en el desarraigo
O mi bondad repuja la fiebre
Para tupirme con el himno que agiganta
Los recodos de El Tibes.

He orado por mis apellidos
También por la amenaza y creo saber por qué la claridad
Me hace estar palideciendo
Entre el nido y la pobreza.
Amontono todo mi andar, creyéndome vivo,
Creyéndome eterno
En ese desmayo de tragarme el musgo de la zanja.
Cicatrizo para halar las espinas, para darle cumplimiento

A mi semejanza con las nubes, sea con el pájaro, sea

Con la semilla que contrita mi incertidumbre.

Ponzoña escarlata para sobrevivir ante el desvelo

¿Cómo conformarme con la trampa?

Conservo una extraña resistencia y llueve en mi calabozo

Sin ávidas ovejas que pastorear.

Asciendo sin triunfo sin rubores.........revoloteo

Como quien corta la contorsión miserable de su carne.

Como quien desprecia la obstinada aridez de sus pieles.

Le he preguntado a Dios sobre el insomnio

Invade el desánimo de saberme

entre los últimos o los primeros

Agredido por todo el mar que retuerce mis lamentos.

¿Por qué me voy del Universo?

¿Para qué doy fe de otra cortadura

De otro latigazo sobre el espíritu que aúlla sin hazaña

Se asfixia ante el reclamo

Ante la insondable podredumbre

De la vida que masca

Con miedo

Su fatal pretexto?

11 de septiembre de 2003

Guantánamo.

TRISAGIO DE ISAÍAS

¡Que tú sangre sea lecho inmortal para la memoria!
¡Que esta luz sombría y desolada
Calle la irrefutable persistencia de la muerte!
¡La voz sacuda el esqueleto en la viga!
Frente a la mordida del aserradero
                    Clandestino
Disecado, escabulléndose en la marquetería
Virginal de las hormigas.

¿Qué son el día y la noche sino dos huerfanitos
Abrazándose
En la nefasta catedral de estos ojos?

¿Qué son el día y la noche
Percutiendo
La impávida ceremonia de este destierro alucinógeno
Deshojando
El rostro granítico desconocido por la niebla
Exquisita y elástica como diosa malparida
Azorada en el horizonte
Detrás de los estrelleros?

Solo al hombre le es vedado ensimismarse
Entre una nube y un sepulcro.

Solo el hombre pierde el sendero
Y oculta su pesadumbre de criatura inusual
Su ajorca de fantasma sobre la hiel de los tiempos.

Ya decíase –Vacío–impasible
Ya decíase –huesos podridos –lengua sarmentosa
O néctar viral de los muertos.
Ya decíase –Cruces mullidas
En la apresurada devastación
                    De tanta espuma.
Todo sobado en la raquítica cueva.
Todo es hostil bajo el palio de esta luna.

Ser estatua –astil –silencio renacido
Fatigado e irreverente en la haladura
Todo es inútil y castrador para tatuar las pesadillas
Para ser cremado por la arena
Vulgar desafío de ser la mosca
Que saja sus huesos sin más ni más
Con esmerada hipocondría
Horadado por equívocos claveles
Viciosas margaritas

Acomodadas por mis dedos.

¿Pueden pedirme más revelaciones?
¿Más pudor para herir la humorada de este cielo?
¿Más angustias profanadas?
¿Acritudes o pasiones?
El carmín petrificado de esa mano que se estira.

Desprotegida en el umbral del deseo
Cabelludo y Cainesco
Para apaciguar las profecías.

¿Por qué te apartan tan fácilmente
Del rincón que jadea y abraza
De la gruta no vista por burdos asesinos?

Me pueden cortar en pedazos
Rajarme el buche necio
Desangrarme
En la traslúcida
Monotonía
De la distancia amoladora.

22 de diciembre de 2003
Londres

# LAS PÁGINAS NEGRAS

CAVILACIONES DESHAKESPEARE O EL CUADERNO PERDIDO SOBRE LAS PURGACIONES DE HAMLET

Acerba el maloliente público inhumano

Miope frente al exagerado asesino

Monólogo fruncido por el ceño. Sustancia primaria

Del matarife escupiéndose las manos

En la impalpabilidad.

Limbo Patrum.   Bandera de cuerpos

                    Sobre la orilla

Descienden por el estiércol de los lobos.

Hazlo cómplices también

Los cuerpos hurgan sobre nalgas harapientas

                         Del escenario

Donde el oso clava su nariz.

El oso soy yo. Colando fantasmas de mi padre

La represión de mi madre

En isla ponzoñosa.

Soy la garganta del padre asesino.

El hijo frío −fantasmagórico

Reo pordiosero de la madre culpable.

Tal como me deconstruyo. Tal como me hiero.

Ya pagué. Ya ayuné con mis miserias.

Trago correazos masticados por el destino

Digiero el espejo cubierto por puñales

Tachuelazos o bridas bajo el caballo

Que me desboca sobre el río

De la poquedad.

Tintineo de atalajes

El Rey escupe las caspas de su cabeza

Y el príncipe quiere su montura

Cansado de ver el páramo o la cazuela

Abluciones de bruja con ojos grises

    Sobre el árbol quitasol

    En lanzadera

Con la verruga del crimen

Con retazos de tormentas

Con ese aguijón que sobresalta

    Desde lejos.

Pide furia canalla en ristre

Bufón abigarrado entre las sombras

    (Más oscuras)

Entre páginas negras anudan

La insumisa llaga.

Actúa lenguaje. Premástica

El destierro esqueletoidal. Tumba soy

Nube de un día. Tramoyada

Por la comedia de horrores.

Melificando

Yámbicamente

Latigazos de la piojosa

Cornuda muerte

Agria—reclusa —asquerosa

Con brisa de heno

Contorneada con muletas

Con gruesa guillotina de nieve

Detestable por el musgo verde

Por matorrales de piedra

Desenterrando mi vieja tuberculosis

Mi altar de heroísmo

Marchitado por la antigua raya de metileno

En la frente.

Mientras

La histérica consagración por los difuntos

Se ofusca entre palomas.

Riachuelo de infundios rema

En despostillada longevidad

Un cuero pestilente irrumpe en cestas de ruinas

Esbirros con alas. Idiotizantes

Espantan al que quiso volar

De la intolerable monstruosidad

O de esa desazón del autista

Asesinado por el reflejo.

Tajante orín sobre el muerto sin riendas.

En el antipático engrandecimiento

De la agonía que salpica

Sin ninguna resistencia

Frente a la nada analfabeta.

17 de febrero de 2004
Londres

EJECUCIÓN DE LADY JANE GREY

Ampárame verdugo
¿Qué es este susto de lamer el hacha?
Arden pañuelos, fantasmas o mis ojos
Devorados por el riesgo de perpetuar la desidia.

¿Contamino o soy lujuria para el insomnio?
Perdóname los despojos. El ineludible desamor
Bórrame el ultraje. Consumación de asirme con
desgracias.
Es mi sangre que increpa sin conmoverse
Agonía que cesó. Procrea la mueca rotunda
Disfraz que mi voz rehúsa.

Las cadenas no ceden, tampoco la inexpresiva niebla
Que me empapa con mirtos o vibrante destierro.
El llanto invita, surte hombradía o miedo.
Urde la lividez de mi fracaso
La búsqueda nefasta, sorda aniquilación, vergonzante
Escurridiza para expulsar azotes.

Una torre arrecia o seduce mi traición.
Me llamarás Barrabás… Me llamarás humor en la desmemoria.

¿Qué hago frente a los títeres de un reino?
Entre bestias o ese imposible amanecer que me condena
Para titiritar con pesadillas o ser ladeada por los caballos.

¿Qué pierdo? ¿Qué gano?
¿Qué sable paraliza mi lengua?
Rezo por mi sombra bajo el bajel del descalabro
¿Quién quiere esparcir la tristeza?
O la desértica furia despabilándome?

Conspiran los muros.
¿Derrumbes o el sumido vacío?
¿Encontronazo o las tribulaciones denigran?
Asquean marionetas o soldados. Brizna
Que destruye mis cántaros mordidos por el prójimo.

¿Quién enhiesta el desenfreno de la equilibrista?
Exenta no estoy de lacerar la pesadumbre del cadáver.
Exenta de tambalear en la irreprimible condena.

¿Obedezco verdugo?
En mis sedas desaliñan cicatrices

Discurren escupitajos, la mentira

Violada señal que me impide comulgar con los pajarillos.

Olvido, desconfío, manoseo el desprecio

Acurrucadita cabeza malherida entre las pajas

Atada al mezquino juicio de los bastardos.

Entrarán con furia el latigazo o el desamparo.

Muerdo a hurtadillas (trillos) podridos de la obscuridad.

¿Quieren arrancarme la marea?

¿Quieres castrarme el negro latifundio, la sobornada

grisura?

¿Dónde empujar el desaliento?

Drama de la verja.

Drama de la oración suicida que se agota.

Quien quiera venir, llegar, dormir

Como un ángel preñado de trigo

Aposentarse, amar esta guillotina venerable

Que solo a mí convida.

Se ha abierto una letra incierta de soslayo

Respiro la unísona fuga. El incorruptible temblor

Alabastros que entierran el infortunio.

¿Me impedirás roer el espasmo?

¿Me impedirás envilecerme sobre la ceguedad de tus manos?

Mi corazón esplende la imperdonable amenaza.

Gravitarás entre los cíngaros, entre los charcos

En la drástica poceta que embarca con violencia.

Respiro el fatídico atropello.

Métete en el sufrible desgarrón

Engullida tinta de la devoción que desgana

Alud de la infamia a merced de la duda o la evasión.

Así entre las miguillas

De usurpar el sádico trono

Como una mercenaria de la muerte.

28 de febrero de 2005
Londres

SHELLEY QUEBRANTA EL SUDARIO
EN LAS BENDITAS COSTAS DEL SILENCIO

a Eva Tarrt y Clara Allen

Avatar la muerte

Tajar la mueca viperina

Que raspa el agua

Ser el retrato mojado

En la vorágine del arrecife.

Saca la mano Shelley

Tortura el horneado sueño

Cuaja desperdicios

Exprime la llaga en servidumbre

La herida entumecida, pulverizada en la corriente.

Tomad el negro himen

Percute con manojos de desprecio

La sortija prohibida o la limosna.

Sé la hostia mendicante

Que cicatriza el atropello.

Revela el pasmo de la jaula

La insania sobre el musgo te asesina.

No es esa orilla la que debemos cruzar.

No es esa libertad lo que mendigan las piedras.

Avatar el crujido de la noche más indigna.

La pupila parturienta ensancha

Letargos del amor

Sobre el diente mortífero que araña la roca.

Toca la peste de la proa

El humor de la bitácora lastimera

Revienta eslabones

En las benditas costas del silencio.

No vendrá el eco a salvar

Las monedas de esta sombra

Ni la ola prematura

Podrá devolver el milagro de la conquista.

Ni siquiera ínfimas arrugas

Harán revivir la bravura sobre el melindroso pétalo.

La oveja trina más allá del quebranto

Resuella con mutilada sed

Porque en el susto cabe la maleza.

Porque sobre el corazón escampa

Otro idilio de cruz (amortajada)

Saca la lengua y escupe
Todo cuanto envidia un temporal.

Rebota los ojos o perfora el rostro sobre el ahogado
Trepanado por cascabeles.

Un verso no cabe en un bote.
Un remo no detiene el ácido que cuelan los adioses.
Un cirio no drena la vastedad que avarienta el reclamo.
Deja que las tres Marías se cansen de esperarte.
No ha pasado ni una hora
De tanta eternidad consumida.

Vamos a despertar
Sin esa sordidez que encalla la neblina.
Sin la guadaña que Premástica a los peregrinos.
Vamos a macerar las visiones
Sin ese ocio que cancela el cementerio
De espumas
Que desdobla las entrañas.

Deja que el ancla se aferre a su destino.
Húndete sin riendas en blanca modorra
Sumérgete sin los pájaros
En el turbio orín que demarca el naufragio.

Cada hombre oficia un ramo de la deriva.

Cada hombre es un crepúsculo

ensangrentado por el cielo.

26 de marzo de 2004
Londres

ESCOCIA, MODOS DE LLOVER, MODOS DE YO VER

La lluvia surte una yema gris en la colina

Yo receso con desamparado agobio.

Ciega desconfianza que me arrastra

Con livianas alegrías.

La penumbra carcome con letargo. Ángel no ventiles

El polvo de esa neblina donde trota el héroe con tristeza.

Anida la ventisca doblada por las campanillas.

He llegado a quebrar los abismos.

Albergo la misma renuncia

Las mismas manchas. Rasguño que niego.

En estas colinas me obstino a perpetuar la desolación.

El aliento de Jesús cuelga de la quimera

Naufrago con la cabeza de María

 Metida en el puentecillo.

¿Qué lástima me obliga a enceguecerme?

Entréguenme las llaves de algún reino

La insaciable guillotina que sana

Mi cuerpo de la incertidumbre

Mis ansias desfloran contornos.

Me confundo en la borrasca, exánime con el grito

De mis palabras en la niebla.

Abyecta con las cremaciones. Impostura del torbellino.

Sucumbo para ver la roca, para ver

el lago que me hipnotiza

Para ver el inexistente cordero

Para ver... para ver...

Lo que no puedo ver desde ninguna lejanía.

Entréguenme la raíz de este aire.

Entréguenme la incontinencia del horizonte.

Mi rabia desluce la guarida del héroe.

¿Crepita el agua con ríspida vigilia?

¿Qué urdimbre o cuál panecillo manoseo con desánimo?

Apunto que es viernes

Y madura una espada con violado relieve

Despereza la furia, la égloga de los débiles

Para resistir el mordisco de la belleza.

Apunto que colma la plenitud

Para arrastrarme con la blancura.

Puedo sumergirme en el desvelo.

Puedo llamarte Escocia
Puedo ser compasivo pulmón
o podrirme con tus muertos
Con humilde apego.
¿Puedo llamarte o poseerte con mi sombra?
¿Cómo encumbrarme con antiguas cavilaciones?

Entréguenme la sedición, la impasible semilla
o el lamento.
Entréguenme la raspada rebeldía.
 No siempre el valor nos ciñe
¿Qué apagada dureza me sostiene?
En mí se esfuma el cielo. En mí se estrechan las islas
¿Cómo salvarme de estas fragancias
Si no tengo terneza para desnudar las heridas?

Soy muro dentro de otro muro cincelado por redes.
Imagino las gaviotas
¿Qué garras me encierran o me envalentonan?
Pastan centinelas o la eternidad me aturde
Cercado asombro en el envés de la vida
Soledad tatuándome con negros filamentos.

Quizás soy incólume ausencia. Apunto pavor.
Hacinante vacío. Ofelia en la misma jaula,

en lastimero río

Rosas o máscaras labradas en el inútil nido.

Aguardo por la voz o ese tardío amanecer.

¿Qué acequias fijaré en el deseo

De encontrarme acariciando el rastro

que en mí se expande?

Llámese resplandor o forjado cauce

para asediar el corazón

Con procaz refugio.

Entréguenme la lozanía. La yerba sedienta

El insomne oficio para amarte.

La abulia o el desenfreno

La nítida consolación de asirme con la mudez de Escocia.

Quema este divagar o sucumbo en el recóndito albur

De tanta afrenta.

Apunto que me duelen las rodillas.

¿Consigo levantar la piedra?

Sumirme en la vaguedad. Quejarme de aciagas mentiras

Alojarme a la deriva con pervertido desarraigo.

Apunto que es viernes Santo

Que soy intocada ceniza

Contemplo el imposible sendero del retorno.

Renace el cansancio o mi hostil desasimiento.

Apunto que vivo atravesada
Por la ambigua bruma de la muerte.
Que llueve y no hay modo de ver
La luz
Con inmaculada certeza.

25 de marzo de 2005
Stirling, Escocia

RETRATO DE JOHN KEAT'S

Empujo hacia adentro

Esa limosna consentida de la puerta

Un sagrario de hojas desvanecerá

El verso prendido de la pupila

Al bordillo de toses flemosas

Proponiendo un éxodo

        Un facetado

        Zureo para detener la sombra

Que palpa la obsidiana del amor

Bogar de lánguidos desvaríos

Conscriptos bostezos en esa agria entonación

                De la dicha

Bermejo cuajo en espiral colgado del río seductor

Prebendas en la montaña zahieren los brazos

Pétrea mano en sedoso pináculo

Gorjeada por la ternura.

Señuelo pinchoso de ese suspiro

Atisba en la intemperie.

Retorcida quiebra de amor y de guerra

De la valiente hembra entre los muertos

Con lengüetas de lejanías fascinadas

En la desmemoria.

Secretos de ángeles cerniéndose en el infinito

Corpus Paradisum para manchar la simiente

Para sofocar la alegría de las cabras

Graznando con lúgubres acordes.

¿Qu'est-ce l'homo? ¿Qué es la voz oscura?

¿Qué es el amor y la fatiga?

¿Quién trae de vuelta al hombre leal?

Incubado pene en el resinoso nido de la aurora

Con vientre de mujer o dolorosa plegaria

Circuncidando las siete palabras prometidas.

Un rumiar   un morder   un mascar de la epopeya

Espantados verdugos en esa escisión de la nada

Vicio de asirme en eunuco pecho.

Hidrofobia o calavera en el gastado engaño.

¡Maldición de las maldiciones!

Velamen de velas. Adiós azotador. Ilegítimo.

Adiós desollado por lágrimas puntiagudas

En el nicho emuntorio de la pasión

Purgatorio de San Patricio con germen redentor

Aspirado en la noche que dora

El placer de los corderos

Navículas oraciones en el himnario

Anexo de la tierra que se anhela.

Hostiarios de desvelos resana

La vigilia entumecida. La vigilia *lamelotodo*.

Pestañear de luto. No bastaba una vida

No bastaba el rejón ni hadas ni blasfemia

Extraños parterres. Otra idea moral

              De la conciencia.

Procuraduría de malestares en la frente

Sumidero febril de la ensoñación

Pasto para el unicornio melificado

Con polisílabo concierto

En la piedra cincelada.

Santa María de la Esperanza mantén el ritmo de la espera

Mantén el labio recurrente

Este retrato

Fermento

Corazón sereno

En el bosque sagrado de Venus.

Cruz y sepultura en la tarde salpicada por la llovizna.

Cruz o llovizna persiguiendo resquicios del abrazo

Rocío en la negra página–adultera

Agua santa en la página negra escupe las gencianas

Limpia la tuberculosis

Veneno íntimo en el castillo desnortado por las aves

Ingrávida cáscara en el ataúd de mimbre

En el marco blanco que trafica la doncella.

                    Otro brindis amado mío.

                    Otra orilla amada mía.

                    Otra huida para matar el alma

Que descubre el albur en la primigenia rama

Querencia o tormenta de la aturdida mariposa

En pervertido carrascal

Cuchillos afónicos sobre el rostro apolillado

Con el rojo común de la realidad más enferma.

Palabra escape –palabra vuelve a mí– palabra

Del amante que parte en el estupro de querer volver

A los lazos de la frente más rosácea

Grabada en el retrato

Del anciano y el viril mozalbete

Grafismo que bulle con los naipes de marzo.

Esta verdad   –oficia en mi lengua.

Esta verdad   –hurgada en mis ruinas.

Esta verdad   –insufla nuestra desaparición

En el mismo espejo del escenario

Con largas nubes. Quitasol de errancias tostadas

En borbotones de eternas fiebres.

26 de marzo de 2004
Londres

PALABRAS PARA ISAAC NEWTON

Apégate al trepador cincelar de la manzana
Cuaja la insumisa cascada en inercia.
Todo cae bajo el veteado espejismo de la rama.
¿Quieres arar esa larva de luz imperecedera?
¿Contradecir púrpuras crisálidas en la congoja?

Usted no hablaría del dolor convertido en reino.
Usted no aguardará por sedosas rodillas de mi tristeza.

La soga pende sobre el tronco feliz del hallazgo
Esgrime la ansiedad de los dedos.

¿Qué dolor precede la conquista?
Deslengua el alarido prosaico de horrores
Muele con dura saliva las desgracias
El estertor en el ojo agudo
Abandona definitivamente las márgenes del río negro
La isla nauseabunda   evaporada
En el perverso desplome de reflejos.

Otro tiempo acompaña los panales de la hoja

Lacio grano hilvana la mímica

Nube abierta   oración virgen

Plegaria en las sienes

Para alimentar todo lo que se traga la madera

Para horadar el secreto

Que cristaliza las entrañas

La huida y su reclamo

Ese desdeñar de resplandor con devorante sueño.

¿Será el Cirio? ¿El cenit fugitivo?

¿El elegido sembrador adentrado en el iris?

Jesús ha dejado de llorar en el laberinto

Horneado de la lejanía.

Yo observo. Tú observas

El empecinado gesto de nombrar

La gota de ese todo soberano

El rumor de los amantes con extrañas heridas

Invóquelos mientras ovillan las cenizas

¿Conduele la distancia que se rompe en nuestras venas?

Sea lo más abstracto posible

Para desflecar el imberbe útero

De esa verdad concebida

En el gritado abismo

Exvota para pastar el blanco cuerpo

Diana   huesos   leucocitos

Ardiendo en el desposorio de los santos

Lumbre o delirio en el indefinido binomio de la piedra.

¿Ver caer la ceñida llovizna?

¿Ver lastimeros naufragios?

¿El perfil reconocido de la sustancia?

¿O ver las manos alentadas por los barrotes?

¿El rostro aquerenciando un augurio?

¿El rostro repiqueteado entre el unicornio y la paloma?

Desbandado con espirituales monedillas

Saquillo verde con ávido pan

Llave tañida por el polen de las magnolias.

Isaac Newton

¿Qué tormenta es esta que limpia

La insana llamarada

En el oscuro seno de Magdalena

Cansada de los sudores?

En el incandescente lastre de la aurora

Espigada en nácar orilla –blanda vendimia

                    Perdonada

Sin la sorna del vacío

Concibiendo el lacio pulmón que macera el ángel.

Isaac Newton
Esto debería ser el último holocausto
Arcaicos honores al parco futurista
Al innato despabilador de las visiones.

Esto debería ser
El escape final   el ungido abrazo
La rebasada prueba de todas las incertidumbres
Pasadas y venideras.
Plántame la retentiva fibra sobre el poseído cordero
Puedo seguir bordeando el paraje afilado del deseo
Calcar la cerradura
Ser la aureola que convida los capullos.

Tras de mí aúllan viejas mareas asesinas
Trasojadas en el nacido viernes
Para hambrear sobre muda pradera.

Esto debería ser por añadidura
Un grito de posguerra que me adormece con la dicha
Sumatoria de éxtasis relamido
Bendición para izar la sangre
En descarnada caricia lustral.

Nutria del corazón que se aceita

En extrema desnudez

Aguardándome para empuñar todas las avecillas

Desbocada ambrosía de la sombra

Reconoce el rictus procaz de los cielos.

2 de abril de 2004
Londres

LA IRREFUTABLE ESPERANZA DE ULISES

a Simon Anderton

La mancha de sangre sobre el paño blanco
Amenaza con punción de luto sobre la arena.

¿Qué llega del fénico naufragio?
¿Qué vendimia mendigo sobre este rapto
Que el vacío tolera?
Digo coraza. Cadáver ingenuo
Huésped pródigo. Región ensimismada.
             Ni mar. Ni astro
             Ni albor. Ni cadenas.
Se incrustará la piedra
En el contubernio del apetito.

Nada me subyuga
Radiación sofocada por el desvarío
Divinal —palabra saliendo de la purísima ilusión
Subsiste la lágrima limpiada
Por plumillas del ave
Clamando en cercana cruz
Escapada del barco negro

Del tozudo sacrificio

Ha lastimado el karma de la aurora

Desquiciado fénix frente a los aletazos de cielo

Musgo –calandria– arboleda florecida

En la barca encarnada con inusitadas heridas.

Suave pulso –decapitado

Por el ángel de los anillos

Que ha descortezado sin miedo la blancura.

Yo no sé dirigir estos pasos

Mi sombra –desencontrada

        O encontrada

        Con los huesos de Ulises

Dibuja la extinta flecha

Espera flamear la furia

Víspera que se borra sobre infame –horizonte.

¡Oh retorno desleído!

¡Ojeras trastocadas por nieblas mordaces del tiempo!

Sedientas de un exilio

Parpadeo real sobre el rocío que me desnuda

Queriendo hurtar la vigilia o el ensueño.

Tenme tú como testigo de este vértigo *quemavida*

Tenme sobre mayúscula mar

Consejera de estas riendas
Que se desbocan ante el puño de los malditos
Visibilidad acumulada
En el ímpetu sagrado
                    (De lo posible)
He dicho esta vez. Y soy irresponsable
Por este entrecruzamiento de ruinas de islas
Petrifican al azar sin que el buitre cavile
La fatídica rapsodia.

Tenme tú
Como el más valiente cerbatanero
Para raspar el martirio
O torcer la cruda obstinación *–Maldisimulada.*

Invencible separación
De las cosas que hambrean porque quieren vivir.
De las cosas que fenecen por remordidas eternidades.
Las cosas viven en el fiero morir.

Tenme escudero de estas sombras
En aciaga raíz.
Déjame
Vociferar que ni siquiera
La muerte es nada

En esta limadura sepulcral

De las cosas llamadas

        A trascender

Entre los surcos

Entre minúsculos tulipanes

Intersticios de la madurada primavera

Entre el último poema de los espíritus humanos.

14 de abril de 2004
Londres

LORD BYRON HE AQUÍ TAMBIÉN
MIS TREINTA Y SEIS

> *¡Sólo el gusano, la corrupción*
> *y la pena son exclusivamente míos!*
> GEORGE GORDON *(Lord Byron)*
> *a John Onnibingde*

Palpo mi piel transfundida por la evasión

Aterrorizada por el muerto lamido en mis entrañas.

Mando a prender la herrumbre, cortante lastimadura

Pérfida obstinación

Florecida por mis treinta y seis campanazos

Desprendidos de la orilla

Que me tuesta en el envés del malintencionado reclamo.

¿Qué puedo hurgar en la zozobra

 O en el pasmo de la paloma?

¿Cercenado boicot en esta deshidratación de la nada?

¿Por qué no te enfrentas tú

a las catapultas del ancho mar?

¿Por qué me das el negro puntapiés?

¿Puente de infernales libélulas en magra cercanía?

Pasta. Circunda.

Deshoja la flor peregrina que lleva un páramo

Derrite los trenes en profana orilla

Los ladrillos turbulentos, ramas secas, el maldito cuervo

Raspada cólera que arquea ante mis ojos.

Este andar Byron ajeno a tus cicatrices.

Esta flema moribunda. Estas resinas malsanas.

Esta confortable negación de raíces y cenizas avasallan.

Arrójate de la rasante monotonía. Rincón que desmiente.

Vuélvete al catalejo. Mirilla que cifra el guano de Bolivia.

Arrójate conmigo el azufre.

A la nafta podrida de Argentina

A la Cuba que alardea ante el pésimo crepúsculo

Ante esa replicación que apabulla.

Deja que se impongan los encapuchados.

No es el amor que ovilla con abluciones.

El amor no esplende en mi celdilla.

No hago trueques en la verja, en el cepo de Nigeria

Ni en los jardines míos.

Sigamos de pie o solos en la bartolina

Qué importa si yo padezco

Si escurro la mancha deletreada
Tensada farsa que pasa como una golondrina.

Enséñame a olvidar. Momifícame
En el maleficio de la viga. Mímame
Con el converso que obnubila o vilipendia.
Zahiere mi costado. *Solo el gusano,*
                    la corrupción
                      y la pena
Son exclusivamente míos.
Solo las amenazas, los empujones, el palo y mi aflicción
Solo el cenagal surte mi mejilla.
Atrás. Atrás —ha caído un mundo— no me invites
Negro–negro–negro–aterciopelado
Negro–a– esa– tacita de té. Vengo– voy– vuelvo de este fin
De la *poiesis* andrógina
Bien resguardado por los robles blancos, con Mayúscula
Sangre, pomadas, mieses o espinas.
La inscribo ahora que entro y salgo
De la epidermis del cadáver.

Salgo y entro del furtivo–tiburón
Siente mi sangre arder, ejecuta
Mi rabia en la histórica morgue
Repuja o apuntala con inmundicias.

Si puedes apágala. No hagas que magulle

Mis razones con lascivo desenfado.

No me hagas empujar los contrafuertes

Las madreselvas o el heraldo horno de este tedio.

13 de abril de 2004
Londres

SAMUEL TAYLOR COLERIGE ARRECIA
EN MI LABERINTO LA FLOR

> *Y sobrevino entonces la borrasca*
> *tiránica, potente;*
> *nos empujó hacia el sur, sin darnos tregua,*
> *con alas envolventes.*
> SAMUEL TAYLOR COLERIGE

¿No sé qué huestes han mutilado el porvenir?

Me hacen mitigar con aspereza.

¿No sé qué rabia pende de estas nubes?

Me hacen consentir el retrógrado laberinto

Desmoronándome con deseada indiferencia.

Vuelo a ras de la espuma

Con azorado cáliz en la ventana.

He dejado de ser secreto.

Jazmín de los héroes

Humedad sobre la anchura del dilema

Fraile eximiendo el principio y fin

De todo cuanto ejecuta el olvido.

Sobreviene la borrasca

Los rígidos clarines del cimarrón

Empujándome en el deicidio
La otra estrella en cuyo espejo acendro el dolor
Mi pandora canaria con claro aljibe
Manotea por dentro.
¿Bajo qué hondonada tendremos tregua?
¿Con qué apetito volveré a rasgar
El entrañable alfabeto de esta muerte?
Hecho de pétrea alfanje, de rancio desvelo
De avaras agresiones.

¿Bajo qué proeza induzco el afán?
Alejan al hidalgo que inscribe el doblez de la victoria
¿Bajo qué tiranía confundo las remembranzas?

Tú, tan solo soñando con la flor que me muerde a remolque
Yo en aciaga noche de San Jorge en el tórrido volver
A repetir las pretéritas visiones.
Asedian remolinos de mudez
Acercándome a los patios o al dienteperro
Engastados por la incertidumbre
Despecho que prodiga con tristeza
Con las peores ignominias del pecado
De ver los secos pastos, el mismo tallo que se confabula
Apenas logra abrasar las cicatrices.

Un poco de ternura para mí

Un poco de lacio amor para la fatiga

Una cama y que alguien me devuelva mi inútil infancia

Todas mis memorias.

Los pormenores de la infinita sombra

En disolución.

Ya estaré–ya estoy–ya estuve

En el cuadriculado Sur

En el desierto místico que enjuta mi Pandemia

Vomitado por la zanja

Absuelto por las palabras omitidas

En el jardincito conmovedor que despabila mi garganta.

Estoy parado en el terraplén con atroz temblor

Olvidando todas las preguntas:

¿Soy hombre en la loza de Dios?

¿Habré de ser lumbre definitiva?

¿Habré de ser sitio, cañón, descrucificado alarido

Trofeo, luz, campanita de oro, albriciado canto?

Espectador del amanecer

Trae la flor con esa vocecita pagana

Trae los pétalos que agravan mi congoja

La espada de un neófito Rey. Todas mis conquistas

Abandonadas por el letargo de la aurora

Líneas reprobadas en lejano firmamento.

Tengo miedo de ser esfinge Samuel Taylor Colerige
Tengo miedo de ser acorazada vestal
Tengo miedo de soñarte con infértiles frases.
                    Algo nos empuja
                  La ínsula malherida
                  Todas las tentaciones
De ver al unísono la misma flor calcinada
De abarcar la marea   la duda   el ahogo
El nicho que hacina mi desarraigo
En el forcejado piélago.

He matado tu nombre en este desnivel del ensueño.
He matado la impostura o mi certeza.

Tú sueñas que te recontrasueñas
Y reflejas sin amparo mi caída
Mientras yo vislumbro el eco −viejas letras asesinas
Mis ojos empolvados por agónicas cenizas.
Algo me come mi patria   mi hambrienta algarabía
Mi ocioso clavo sangra sobre el irrompible azar
Abusa con fanáticas tribulaciones.

Debo fingir que duermes Samuel Taylor Colerige

Ha transcurrido un débil polvo sobre esta piedra.

Debo fingir que deambulo
Sufro de insomnio con unigénitas razones
Transmigro en fiero holocausto
O sobre parca desventura.

20 de abril de 2004
Londres

Fin.

(2003, 2005)

De la autora

Miladis Hernández Acosta (Guantánamo, Cuba, 1968). Poeta, editora, crítica y ensayista. Licenciada en Historia por la Universidad de Oriente. Ha publicado el ensayo: Las náufragas porfías (Ediciones Loynaz, Pinar del Río, 2016). Los poemarios: Después de la caída. (Segunda edición. Ed, Primigenios, Miami, 2020) y La sombra que pasa. Segunda edición. (Ed. Primigenios. Miami, 2020); Memorias del abismo, segunda edición (Ed. Primigenios, Miami, 2020); El fuego del ángel (Editorial ZWeibook, Chile, 2020), Al sur de los páramos, segunda edición (Ed. El mar y la montaña. Guantánamo, Cuba, 2020); Los imponderables reinos, segunda edición (Ed. Primigenios. Miami, 2020); Libro de los prójimos. Segunda edición (Ed. Primigenios. Miami. 2020); La isla preterida (Ed. Primigenios. Miami. 2019); Los imponderables reinos, (Ed. Extramuros, 2014, Cuba); Después de la caída, (Ed. Oriente, 2014, Cuba); Diario de una paria (1994) y La burla del vacío (1995), ambos por la Ed. Oriente; Los filos del barro (2000 y 2009) y Memorias del abismo (2004), por la Ed. El Mar y la Montaña; El conjuro de las runas (Ediciones Ávila, 2004); Salmos para el hastío (Ediciones Vitral, Obispado Pinar del Río, 2005); Libro de los prójimos (Ediciones UNIÓN, Ciudad de La Habana, 2010); La armada tristeza invencible (Ediciones Ácana, Camagüey, 2009) y La sombra que pasa (Ed. Letras Cubanas, Ciudad de La Habana, 2010)

Índice